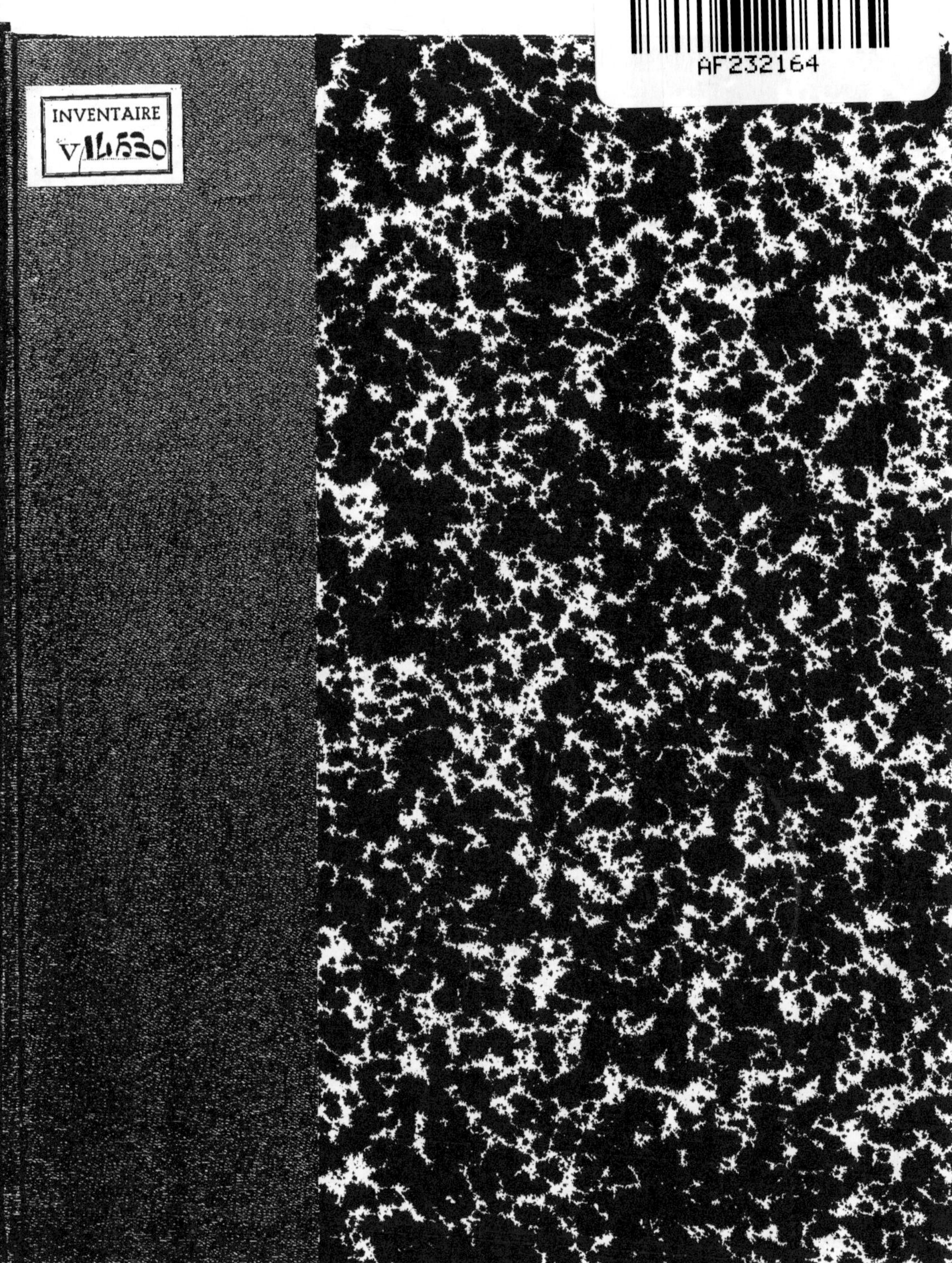

ÉPREUVES

DE CARACTÈRES ARABES,

GRAVÉS ET FONDUS

PAR MOLÉ JEUNE,

SOUS LA DIRECTION DE M. L. LANGLÈS.

PARIS,

M. DCCC XXIII.

DE L'IMPRIMERIE D'ÉVERAT, RUE DU CADRAN, N° 16.

OBSERVATIONS PRÉLIMINAIRES.

LE Caractère arabe gravé sur deux corps (*Saint-Augustin* et *Petit-Romain*), dont on présente ici les premières épreuves , appartient à l'espèce d'écriture nommée *Nestaâlyc* نستعليق , parce qu'elle participe du *Neskhy* نسخي et du *Taâlyc* , تعليق. Ce Caractère a été exécuté d'après les plus beaux Manuscrits. Il y aurait, sans doute, de la présomption à se flatter d'avoir égalé, avec le burin et l'acier, les chefs-d'œuvre des Calligraphes arabes ; mais on croit que ces nouveaux caractères peuvent soutenir avantageusement le parallèle avec tous ceux de la même langue qui ont été gravés jusqu'à présent en Europe, et même en Asie. Malgré tous les efforts et les combinaisons imaginables pour simplifier les formes , et réduire le nombre des *Ligatures* nécessaires, les poinçons s'élèvent à 175 pour chacun des deux corps. Les *Frappes* de ces 175 poinçons ont produit une Casse qui se monte à plus de 300 *Cassetins* ou *Plombs*, que l'on peut employer à imprimer des Textes dans les six langues les plus répandues en Asie et en Afrique. Il suffit de varier le nombre et la position des points diacritiques. Les Afghâns seuls se sont permis d'ajouter à quelques lettres arabes un léger appendice qui n'en altère pas la forme , mais qui exige des poinçons particuliers.

Les textes qui servent ici de *Specimen* pour les six langues dont on vient de parler , sont :

1°. pour l'Arabe , les premiers versets اِيآتِ de la 43ᵉ *Sourate* سورة (chapitre) du *Corân* , قرآن ;

2°. Pour le Persan , la traduction littérale du même passage ;

3°. Pour le Turc , une note sur le Prophète des Arabes ;

4°. Pour l'Hindoustâny , une courte Anecdote ;

5°. Pour le Malay , la traduction de l'Oraison Dominicale ;

6°. La même Oraison traduite en Pouchto , پشتو , qui est la langue des Afghâns.

On ne parlerait pas ici des difficultés que présentait l'impression de ces diffé-
rentes langues, avec des caractères manipulés, pour la première fois, par un
Compositeur peu familiarisé encore avec les procédés de la Typographie orientale, s'il ne s'agissait de réclamer l'indulgence du Public pour les fautes qui
pourraient s'être glissées dans ces Textes ; et de payer un juste tribut de re-
connaissance à M. ÉVERAT, qui a secondé, en ce qui dépendait de lui, cette
longue et pénible entreprise. Puisse-t-elle contribuer à la gloire de notre Typographie, et aux progrès de la Littérature orientale !

ARABE (Saint-Augustin.)

سورة الزخرف

بِسْمِ ٱللّٰهِ ٱلرَّحْمٰنِ ٱلرَّحِيمِ

حٰمٓ ۚ وَٱلْكِتَابِ ٱلْمُبِينِ ۞ إِنَّا جَعَلْنَاهُ قُرْآنًا عَرَبِيًّا لَعَلَّكُمْ تَعْقِلُونَ ۞ وَإِنَّهُ فِي أُمِّ ٱلْكِتَابِ لَدَيْنَا لَعَلِيٌّ حَكِيمٌ ۞ أَفَنَضْرِبُ عَنكُمُ ٱلذِّكْرَ صَفْحًا أَن كُنتُمْ قَوْمًا مُّسْرِفِينَ ۞ وَكَمْ أَرْسَلْنَا مِن نَّبِيٍّ فِي ٱلْأَوَّلِينَ ۞ وَمَا يَأْتِيهِم مِّن نَّبِيٍّ إِلَّا كَانُوا بِهِ يَسْتَهْزِئُونَ ۞ فَأَهْلَكْنَا أَشَدَّ مِنْهُم بَطْشًا وَمَضَىٰ مَثَلُ ٱلْأَوَّلِينَ ۞ وَلَئِن سَأَلْتَهُم مَّنْ خَلَقَ ٱلسَّمَاوَاتِ وَٱلْأَرْضَ لَيَقُولُنَّ خَلَقَهُنَّ ٱلْعَزِيزُ ٱلْعَلِيمُ ۞ ٱلَّذِي جَعَلَ لَكُمُ ٱلْأَرْضَ مَهْدًا وَجَعَلَ لَكُمْ فِيهَا سُبُلًا لَّعَلَّكُمْ تَهْتَدُونَ ۞

ARABE (Petit-Romain.)

سورة الزخرف

بِسْمِ اللهِ الرَّحْمَنِ الرَّحِيمِ

حم ﴾ وَالْكِتَابِ الْمُبِينِ ﴾ إِنَّا جَعَلْنَاهُ قُرْآنًا عَرَبِيًّا لَعَلَّكُمْ تَعْقِلُونَ ﴾ وَإِنَّهُ فِي أُمِّ الْكِتَابِ لَدَيْنَا لَعَلِيٌّ حَكِيمٌ ﴾ أَفَنَضْرِبُ عَنكُمُ الذِّكْرَ صَفْحًا أَن كُنتُمْ قَوْمًا مُسْرِفِينَ ﴾ وَكَمْ أَرْسَلْنَا مِن نَّبِيٍّ فِي الْأَوَّلِينَ ﴾ وَمَا يَأْتِيهِم مِّن نَّبِيٍّ إِلَّا كَانُوا بِهِ يَسْتَهْزِئُونَ ﴾ فَأَهْلَكْنَا أَشَدَّ مِنْهُم بَطْشًا وَمَضَى مَثَلُ الْأَوَّلِينَ ﴾ وَلَئِن سَأَلْتَهُم مَّنْ خَلَقَ السَّمَاوَاتِ وَالْأَرْضَ لَيَقُولُنَّ خَلَقَهُنَّ الْعَزِيزُ الْعَلِيمُ ﴾ الَّذِي جَعَلَ لَكُمُ الْأَرْضَ مَهْدًا وَجَعَلَ لَكُمْ فِيهَا سُبُلًا لَّعَلَّكُمْ تَهْتَدُونَ ﴾

TURC (Saint-Augustin.)

محمّد عليه السلام *

جمله پيغمبرلرڭ آخرى محمّد عليه السلامدر انڭ وآدمڭ آراسنڭ
چوق پيغمبرلر كلمشدر صاغنش الله تعالى بيلور وحضرت محمّد عليه
السلام جمله دن افضلدر و امّتى جمله امّتلردن خيرلودر بزم پيغمبرمز
اولدر بوندن اوّل كلن پيغمبرلر هربرى برطائيفه يه كوندرلمشدر كيمى
كتابله و كيمى كتابسز لكن محمّد عليه السلام انسه وجنّه كوندرلمشدر
شرعى قيامته دكن باقيدر *

TURC (Petit-Romain.)

محمّد عليه السلام ٭

جمله پيغمبرلرڭ آخري محمد عليه السلامدر انڭ وآدمڭ آراسنه چوق پيغمبرلر كلمشدر
صاعشن الله تعالي بيلور وحضرت محمد عليه السلام جمله دن افضلدر وامّتي جمله امّتلردن خيرلودر
بزم پيغمبرمز اولدرڭ بوندن اوّل كلن پيغمبرلر هر بري برطائفه يه كوندرلمشدر كيمي كتابله وكيمي
كتابسزلكن محمد عليه السلام انسه وجنّه كوندرلمشدر شري قيامته دكن باقيدر ٭

PERSAN (Saint-Augustin.)

سورة الزخرف

بنام خدا مهربان بخشاینده *

واوقسم است وبحق کتاب مبین یعنی قرآن کتاب است اشکارا اما
کردیم اورا قرآن عربی تا مگر دریابند ایشان واین قرآنرا درلوح محفوظ
پدید کردم نزدیک ما برداشته وبزرک منزلت ومحکم ست نکردانیم
ازشما فرستادن وی ورسالانت اگر هستید شما قوم مسرفان وچند
نفرستادیم ازآگاه کنندکان درقومی پیشکان ونیامد بایشان ازپیغمبری
مگر که بودند بآن استهزا کننده وهلاک کردیم کسی را که سخت بودند
ازایشان بقوّت وبکذاشته است مثلی پیشکان واکر بپرسی ایشانرا
کیست آفرید آسمان وزمین را کویند ایشانرا خدا بی بی همتا ودانا
آن خدا کرد برای شما زمین را مهد وکرد برای شما درزمین راهها تا
مگر شما راه یابید بآمدن وشدن *

PERSAN. (Petit-Romain.)

سورة الزخرف

بنام خدا مهربان بخشاينده *

واوقسم است وبحق كتاب مبين يعنى قرآن كتاب است اشكارا ما كرديم اورا قرآن عربى تا
مگر دريابند ايشان واين قرآنرا در لوح محفوظ پديد كردم نزديك ما برداشته وبزرك منزلت
ومحكم است نكردانيم ازشما فرستادن وى ورلا نت اكر هستيد شماقوم مسرفان وچند
نفرستاديم از اگاه كنندكان در قومى پيشكان ونيامد بايشان از پيغمبرى مكركه بودند بان
استهزاكنند وهلاك كرديم كسى راكه سخت بودند از ايشان بقوت وبكذا شته است مثلى
پيشكان واكر ايپرسى بشانرا كيست افريد آسمان وزمين راكو يند افريد ايشانرا خدايى بى
همتا ودانا ان خدا كرد براى شما زمين را مهد وكرد براى شما در زمين راهها تا مكرشما راه
پابيد بآمدن وشدن *

HINDOUSTANY (Saint-Augustin.)

نقل

ایک عورت کا لڑکا گھر کی کسی کونی کٹھری میں کھیلتا تھا وہ جو
باہر سی آئی تو اسی لڑکا نظر نہ پڑا تب اُس نی تمام شہر میں کوچہ بہ
کوچہ ڈھونڈھا پر کہیں نہ پایا آخر حیران ہو کر پھر گھر میں آئی دیکھی
تو لڑکا ایک طرف سی چلا آتا ھی اُس کی ایک پڑوسِن نی کہا کہ
سُنتی تھی سو آنکھوں دیکھا بغل میں لڑکا شہر میں ڈھنڈ ہورا ٭

HINDOUSTANY (Petit-Romain.)

نقل

ایک عورت کا لڑکا گھر کی کسی کوٹھری میں کھیلتا تھا وہ جو باہر سی آئی تو اُسی لڑکا نظر
نہ پڑا تب اُس نی تمام شہر میں کوچہ بہ کوچہ ڈھونڈھا پر کہیں نہ پایا آخر حیران ہو کر
پھر گھر میں آئی دیکھی تو لڑکا ایک طرف سی چلا آتا ھی اس کی ایک پڑوسن نی کہا کہ
سنتی تھی سو آنکھوں دیکھا بغل میں لڑکا شہر میں ڈھونڈھو را *

MALAY (Saint-Augustin.)

باڤ كامي يڠ اد دسورݢ نام دڤرسوچليه كران * كرجاأنم داتڠله
كهندقم جديله سڤرت ددالم سورݢ دمكينله دأتس بوم * روتي كامي
سهاري٢ بريله اكن كامي ڤد هاري اين * دان امڤنيله ڤد كامي سݢل
ساله كامي سڤرت لاݢ كامي اين مڠمڤوني ڤداورڠ يڠ برساله كڤد
كامي * دان جاڠنله ممباوا كامي كڤد ڤرچوباأن هان لڤسكنله كامي
درڤد يڠ جاهت كارن اڠكوڤون كرجاأن دان كواس دان كمليأن
سمڤي سلام٢ن امين *

MALAY (Petit-Romain.)

بائ كامي يغ اد دسورݢ دڤرسچيله كوراث * كرجاءن دانتغله كهندڤم جديله سڤرت
ددالم سورݢ دمكينله د'اتس بوم * روتي كامي سهاري ٢ بربله اكن كامي ڤد هاري اين * دان
امڤنيله ڤدكامي سݢل ساله كامي سڤرت لاݢ كامي اين مڠمڤوني ڤد اورغ يغ برساله كڤد كامي *
دان جاڠنله ممباو كامي كڤد ڤرچوباءن هان لڤسكنله كامي درڤد يغ جاهت كارن اڠكوڤون
كرجاءن دان كواس دان كمليائن سمڤي سلام ٢ ث امين *

(13)

POUCHTO ou AFGHANY (Saint-Augustin.)

اى پلاره څمونږه چه پاسمان کښ ئې نوم ستا دپاک وى *
بادشاهى ستا دظاهره وى او دا رنگ لکه چه په بعنبت کښ ده يز مکه *
دا را ده ستا جارى شى * روتى دهرى ورځى مونږه لره پديه ورځ
ومونږه ته را کړه او دا رنگ لکه قرضدارانو خپلولره مونږه وبخښنبو
قرضو نه څمونږه ومو نزه ته وبخښنبى * او مونږه پازمايښت کښ مه
اچوه بلکه له بدى څخه مونږه خلاص کړه دپاره ددیه چه بادشاهى او
قدرت اولوئى ترورځى دابده پورلهغه څخه توالیزى امین *

POUCHTO ou AFGHANY (Petit-Romain.)

اي پلاره خُونزه چه پاسمان كښ، ئي نوم ستا دپاك وي * بادشاهي ستا دظاهره وي اودار نگ
لکه چه په بعنت کښ ده پزمکه * دارادہ ستا جاري شی * روټی دهري ورځی مونزه لره پدبه
ورع ومونزه نه را کره اودار نگ لکه قرصد ارانو خپلولره مونزه و بحبنو قرصونه خمونزه
ومونزه ته وبحبنی * اومونزه پازما بينت کښ مد اچوه بلکه له بدي خڅه مونزه خلاص کره
دپاره ددپه چه بادشاهي او قدرت اولوئي ترويمي دابده پور لهغه خڅه تواننري امين *

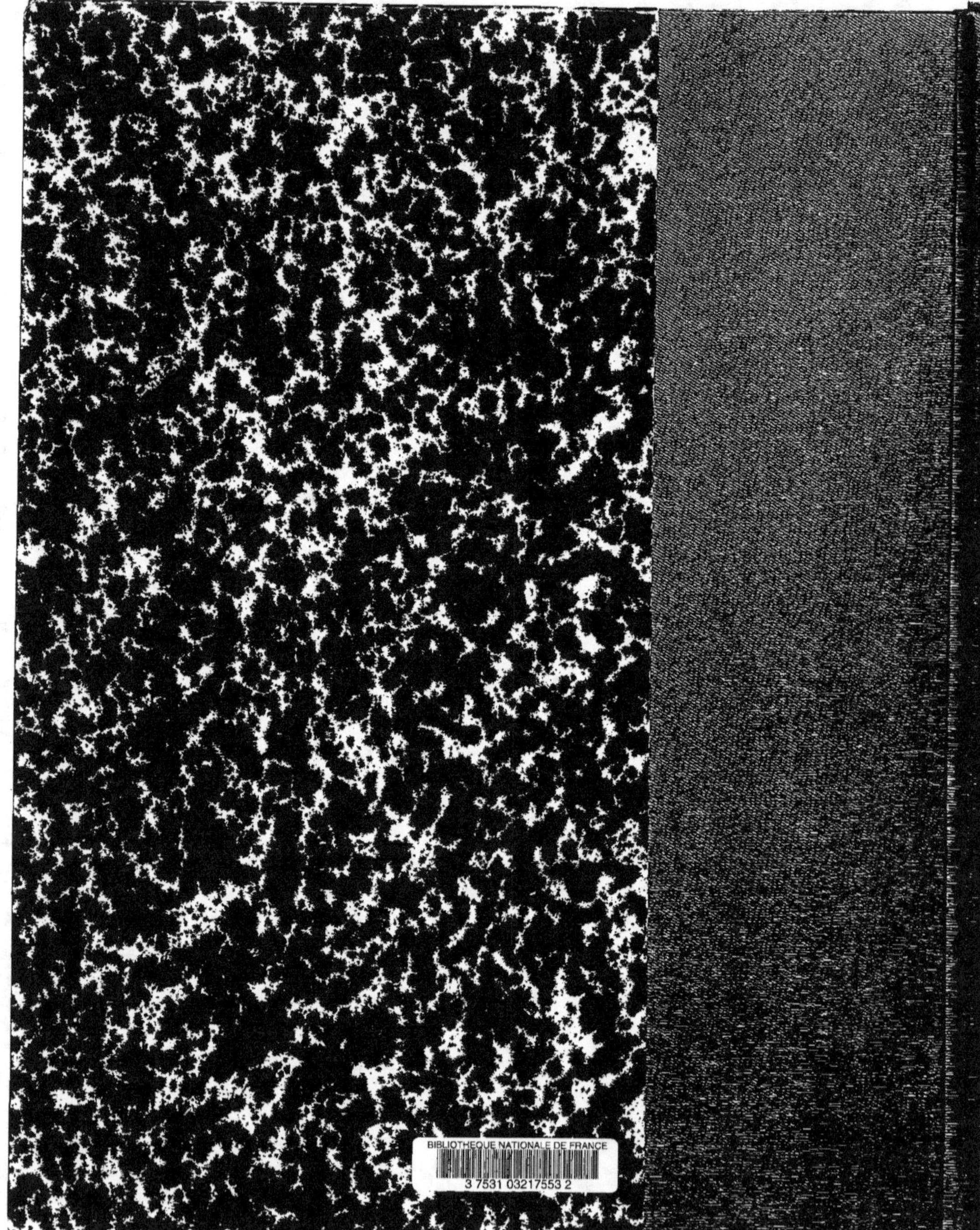
BIBLIOTHEQUE NATIONALE DE FRANCE
3 7531 03217553 2

www.ingramcontent.com/pod-product-compliance
Lightning Source LLC
LaVergne TN
LVHW010343030726
842520LV00004B/1586